BEST OF
#MIXGENUSS

Vol. 1

Kirsch-
Streuselkuchen

Für den Teig

125 g	Butter, in Stücken
125 g	Zucker
½ TL	Vanillezucker
250 g	Weizenmehl, Type 405
2 gestr. TL Backpulver	
1	Ei

Für den Belag

500 g	Magerquark
1	Ei
75 g	Zucker
1 EL	Zitronensaft
1 EL	Speisestärke
1 TL	Vanillearoma
300 g	Kirschen, entkernt

Zubehör: Springform Ø 26 cm

Zubereitung

Backofen auf 180°C Ober-/Unterhitze vorheizen.

Alle Teigzutaten in den Mixtopf geben und **6-8 Sek./Stufe 4** zu Streuseln verarbeiten. In eine große Schüssel umfüllen und von Hand noch etwas zerbröseln. Nun ⅔ des Teiges in eine gefettete Springform geben und glatt drücken.

Alle Zutaten für den Belag (außer Kirschen) im Mixtopf **30 Sek./Stufe 4** cremig rühren. Auf den Teig geben und glatt streichen. Mit Kirschen belegen (siehe Bild) und restliche Streusel darüber verteilen. Im vorgeheizten Backofen ca. 35 Min. backen.

Donut

Grundrezept

Pro Donut (ohne Deko): 255 kcal | 43 g KH | 6 g EW | 6 g Fett
Pro Donut (mit Deko): 305 kcal | 48 g KH | 7 g EW | 9 g Fett

Zutaten

200 g	Zucker
3	Eier (Gr. M)
60 g	weiche Butter
270 g	Buttermilch
1 TL	Vanillearoma
420 g	Weizenmehl, Type 405
3 TL	Backpulver

Zum Verzieren:
Cake Melts (z.B. von Birkmann)
und bunte Streusel

Zubehör: Donutblech

Zubereitung

Backofen auf 180°C Ober-/Unterhitze
vorheizen.

Alle Zutaten (außer Mehl und Backpulver)
in den Mixtopf geben und **40 Sek./Stufe 5**
mixen.

Mehl und Backpulver zugeben und
20 Sek./Stufe 5 verrühren. Teig mithilfe
eines Spritzbeutels in ein gefettetes
Donutblech spritzen und ca. 13 Min.
backen.

Die fertigen Donuts nach Belieben
verzieren, z.B. mit farbiger Glasur und
bunten Streuseln. Perfekt zum Verzieren
eignen sich sogenannte „Cake Melts"
(erhältlich unter www.mixgenuss.de).

Apfelküchli

mit Zimt & Zucker

Aus dem Ofen!

Pro Küchli: 121 kcal | 16 g KH | 3 g EW | 5 g Fett

Zutaten

1	Ei
20 g	Zucker (oder selbstge- machter Vanillezucker)
2	Äpfel
40 g	Butter
170 g	Milch, 1,5%
90 g	Weizenmehl, Type 405
1 Prise	Backpulver
1 Msp.	Zimt
etwas	Zucker

Zum Wälzen:
Zimt-Zucker-Mischung

Zubehör: Donutblech

Zubereitung

Backofen auf 200°C Ober-/Unterhitze vorheizen.
Ei und Zucker in den Mixtopf geben und **3 Min./50°C/Stufe 3,5** cremig rühren. Umfüllen.

Äpfel schälen und das Kerngehäuse großzügig ausstechen. In 1 cm dicke Scheiben schneiden und in die Mulden des gefetteten Donutblechs legen.

Butter im Mixtopf **2 Min./50°C/Stufe 2** schmelzen. Restliche Zutaten sowie Eiermasse hinzufügen und **5 Sek./Stufe 3** verrühren. Mehlreste mit dem Spatel nach unten schieben und noch einmal **5 Sek./Stufe 3** rühren. Teig über die Apfelscheiben gießen und mit etwas Zimt-Zucker bestreuen.

Im vorgeheizten Backofen ca. 18 Min. backen. Etwas abkühlen lassen und in einer Mischung aus Zimt und Zucker wälzen.

Giraffenrolle

mit Mascarponecreme & Banane

Pro Stück: 328 kcal | 26 g KH | 6 g EW | 22 g Fett

Für den Teig		Für die Füllung	
60 g	Zucker	2	Bananen
2 P.	Vanillezucker	2-3 EL	Nuss-Nougat-Creme
3	ganze Eier (Gr. M)		(z.B. Nutella)
2	Eigelb (Gr. M)	200 g	Sahne
50 g	Weizenmehl, Type 405	30-40 g	Zucker
15 g	Backkakao	250 g	Mascarpone
etwas	Backpulver		

Zubereitung

Ein Backblech mit Backpapier auslegen und den Backofen auf 180°C Ober-/Unterhitze vorheizen. **Rühreinsatz einsetzen.** Zucker, Vanillezucker, Eier und Eigelb in den Mixtopf geben und **12 Min./40°C/Stufe 4** aufschlagen. Danach ca. die Hälfte aus dem Mixtopf nehmen und in eine Schüssel geben. 30 g Mehl und 2 Msp. Backpulver mit dem Schneebesen unterrühren. In einen Spritzbeutel geben und die hellen Giraffenlinien auf das Backpapier spritzen. Nun das Muster 2 Min. im vorgeheizten Ofen backen und herausnehmen.

Zum restlichen Teig im Mixtopf nochmal 20 g Mehl, Kakao sowie 2 Msp. Backpulver zugeben und mit dem Rühraufsatz **5 Sek./Stufe 3** vermengen. Sollte vom hellen Teig noch etwas übrig sein, diesen auch mit einrühren. Kakaoteig auf das Muster geben und vorsichtig glatt streichen. Blech wieder in den Ofen geben und 10 Min. fertig backen. Blech aus dem Ofen nehmen, Zucker darüber streuen und ein weiteres Blatt Backpapier darauflegen. Blech nun stürzen und das Backpapier auf der Musterseite vorsichtig abziehen. Tipp: Vorher etwas eiskaltes Wasser auf das Papier träufeln und mit den Händen verreiben. Danach lässt sich das Papier ganz leicht abziehen. Wieder ein neues Papier darauflegen, sodass der Teig zwischen 2 Lagen Papier ist. Nun mit der Giraffenseite nach außen auf ein Nudelholz aufrollen und abkühlen lassen.

Mixtopf spülen und die Creme herstellen: **Rühreinsatz einsetzen** und Sahne mit dem Zucker auf **Stufe 3** steif schlagen. **Rühreinsatz entfernen** und Mascarpone zugeben. Auf **Stufe 3** so lange rühren, bis eine gleichmäßige Creme entsteht. Tipp: Wer möchte, kann noch 1-2 TL Nuss-Nougat-Creme mit in die Creme rühren. Mascarponecreme auf den abgekühlten Teig streichen und Bananen parallel zur kurzen Seite legen. Nun Nuss-Nougat-Creme auf die Bananen geben und alles von der kurzen Seite her vorsichtig aufrollen. Kalt stellen. Fertig!

Tiramisu-
Cheesecake

♡

Pro Portion: 366 kcal | 40 g KH | 16 g EW | 17 g Fett

Für die Quarkcreme

1 kg	Quark, 20%
250 g	Mascarpone
180 g	Zucker
1 P.	Vanillepuddingpulver
1 geh. EL Speisestärke	
2	Eier

Weitere Zutaten

30	Eierplätzchen
100 g	Espresso, gebrüht
3 EL	Amaretto
etwas	Backkakao

Zubehör: Auflaufform

Zubereitung

Alle Zutaten für die Quarkcreme in den Mixtopf geben und **1 Min./Stufe 6** mixen. Ein Drittel der Masse in eine Auflaufform geben und glatt streichen.

15 Eierplätzchen in einem Gemisch aus Espresso und Amaretto kurz tränken und auf die Creme legen. Mit Kakaopulver bestäuben. Ein weiteres Drittel der Creme darauf geben und wieder glatt streichen.

Erneut 15 getränkte Plätzchen darauf verteilen und mit Kakao bestäuben. Restliche Creme darüber streichen und im vorgeheizten Backofen bei 180°C Ober-/Unterhitze 30-35 Min. backen.

Abkühlen lassen und vor dem Servieren mit Kakao bestäuben. Dazu passt sehr gut frisches Obst.

Wird der Kuchen im Kühlschrank aufbewahrt, kann man ihn auch noch nach 2-3 Tagen essen .

Pizza-
Nudelsalat

Zutaten

300 g	Nudeln (z.B. Tortiglioni)
80 g	italienische Salami, in Scheiben
250 g	Cocktailtomaten
125 g	geriebener Mozzarella
60 g	grüne Oliven, entsteint
1 Bund	Rucola
1 Handvoll	Basilikumblätter

Für das Dressing

1	Knoblauchzehe
40 g	Olivenöl
50 g	Weißweinessig
15 g	Tomatenmark
1 TL	Salz
1 EL	Pizzagewürz
½ TL	Pfeffer, gem.
½ TL	Zucker

Zubereitung

Nudeln nach Packungsanweisung in reichlich Salzwasser kochen. Kalt abbrausen und in eine große Schüssel geben.

Salami und Cocktailtomaten klein schneiden und zusammen mit geriebenem Mozzarella, Oliven, Rucola und Basilikumblättern unter die Nudeln mischen.

Für das Dressing Knoblauch im Mixtopf **5 Sek./Stufe 5** zerkleinern. Mit dem Spatel nach unten schieben. Öl zugeben und **1:30 Min./Varoma/Stufe 1** dünsten. Restliche Dressingzutaten zugeben und **10 Sek./Stufe 3** mischen. Über den Salat geben und gut vermengen.

Knoblauch-
Sticks

Pro Stick: 118 kcal | 19 g KH | 3 g EW | 3 g Fett

Für den Teig

275 g   Wasser, lauwarm
2 TL   Zucker
½ Würfel frische Hefe
1 EL   Salz
1 EL   Öl
500 g   Pizzamehl

Für die Kruste

1   große Knoblauchzehe
50 g   Butter
1 EL   Olivenöl
1 TL   Salz
1 TL   Oregano
1 TL   Zwiebeln, granuliert
1 TL   Knoblauch, granuliert

Zubereitung

Wasser, Zucker und Hefe im Mixtopf **5 Sek./Stufe 5**
mixen. Restliche Teigzutaten zugeben und **2 Min./Teigstufe**
kneten. Umfüllen und 1 Std. gehen lassen.

Teig zu einem Rechteck (nicht zu dünn) ausrollen und in
20 etwa gleichgroße Streifen schneiden – am besten mit einem
Pizzaroller. Auf 2 mit Backpapier belegte Bleche setzen.

Knoblauchzehe **5 Sek./Stufe 7** zerkleinern. Butter und Öl zugeben
und **3 Min./100°C/Stufe 2** schmelzen. Restliche Zutaten zugeben
und **10 Sek./Stufe 2** mischen.

Umfüllen und die Teigstreifen dick damit bestreichen. Noch einmal
30 Min. gehen lassen und im vorgeheizten Backofen bei 200°C Umluft
15 Min. backen.

Knuspriges
Bubblebread

Pro Portion: 301 kcal | 61 g KH | 9 g EW | 2 g Fett

Zutaten

285 g	Wasser, lauwarm
10 g	frische Hefe
10 g	Kräuterbutter
500 g	Weizenmehl, Type 405
1 EL	Salz

Zubereitung

Alle Zutaten im Mixtopf **3 Min./Teigstufe** kneten. 30 Min. gehen lassen und nochmal **2 Min./Teigstufe** kneten. Umfüllen und weitere 30 Min. gehen lassen.

Ganz kleine Teigmengen abnehmen und rund rollen (Größe von einem 2-Euro-Stück). Auf ein mit Backpapier belegtes Blech aneinander setzen. Mit Wasser bestreichen und im vorgeheizten Backofen bei 230°C Umluft ca. 15-20 Min. backen.

Dieses knusprige Bubblebread eignet sich hervorragend für Fondue! Als echter Hingucker kann man es aber auch zu einem Glas Wein und Käse servieren.

Knuspriges Fonduebrot

Perfektes Brot für Fondue! Ein Brot zum Dippen :)

Summ, summ...
Bienchen-Kuchen

Pro Stück: 402 kcal | 59 g KH | 7 g EW | 15 g Fett

Für den Teig

140 g	Zucker
4	Eier
140 g	Weizenmehl, Type 405
1 TL	Backpulver

Für die Bienen

1 gr. Dose Aprikosen (480 g Abtr.gew.)	
100 g	Zartbitterkuvertüre
1	Gefrierbeutel (1 Liter)
1 P.	Zuckeraugen
1 Handvoll Mandelblättchen	

Für den Pudding

500 g	Milch, 1,5%
2 P.	Vanillepuddingpulver
75 g	Zucker
600 g	Schmand
1 TL	flüssiges Vanilleextrakt
50 g	Zucker

Außerdem:

2 Gläser feine Aprikosenmarmelade	
	(z.B. Schwartau Samt à 270 g)
1 P.	Gelatine (6 Blätter)

Zubereitung

Für den Teig **Rühreinsatz einsetzen.** Zucker und Eier im Mixtopf **10 Min./40°C/Stufe 4** aufschlagen. Mehl und Backpulver zugeben, **5 Sek./Stufe 3** unterrühren. **Rühreinsatz entfernen.** Teig auf ein mit Backpapier belegtes, tiefes Backblech geben und glatt streichen. Im vorgeheizten Backofen bei 200°C ca. 10 Min. backen. Bei geöffneter Ofentür abkühlen lassen. Gelatine in kaltem Wasser einweichen.

In der Zwischenzeit die Bienen vorbereiten. Aprikosen absieben, Saft auffangen. 15 Aprikosenhälften mit Küchenkrepp gut abtrocknen und auf ein Backpapier setzen. Mixtopf spülen. Kuvertüre mit einem Messer grob hacken. In einen Gefrierbeutel geben und zuknoten. 500 g Wasser in den Mixtopf geben, Gareinsatz einsetzen, Beutel hineinlegen und **10 Min./Varoma/Stufe 1** schmelzen. Den „Spritzbeutel" etwas abkühlen lassen. Mixtopf leeren.

Für den Pudding Milch, Vanillepuddingpulver und 75 g Zucker im Mixtopf **7-8 Min./90°C/Stufe 3** kochen. In eine Schüssel umfüllen und direkt an der Oberfläche mit Frischhaltefolie abdecken (so entsteht keine Haut). Auf Zimmertemperatur abkühlen lassen.

Während der Pudding kocht, den Boden mit ½ Glas Marmelade bestreichen und die Bienen herstellen. Dazu eine ganz kleine Spitze des Gefrierbeutels abschneiden und Linien und einen „Kopf" auf die Aprikosen malen. Je 2 Zuckeraugen aufsetzen. Zum Schluss 2 Mandelblättchen vorsichtig in die Bienen stecken. Ggf. mit einem scharfen Messer vorher einstechen. Bienen mithilfe eines Tortenhebers auf ein neues Backpapier setzen, sodass überschüssige Schokolade abtropfen kann.

Mixtopf spülen. Gelatine ausdrücken und mit 270 g aufgefangenem Aprikosensaft in den Mixtopf geben und **2 Min./100°C/Stufe 2** schmelzen. Restliche Marmelade zugeben **10 Sek./Stufe 3** verrühren. Umfüllen und etwas abkühlen lassen. Mixtopf NICHT spülen!

Abgekühlten Pudding, Schmand, Vanilleextrakt und 50 g Zucker im Mixtopf **20 Sek./Stufe 4** verrühren. Creme auf den Teig geben und glatt streichen. Für 15 Min. in den Kühlschrank stellen. Jetzt den Aprikosenguss vorsichtig auf den Kuchen geben und die Bienen aufsetzen. Im Kühlschrank nochmal 1-2 Std. abkühlen lassen.

Hawaii-Toast
DELUXE

Pro Toast: 346 kcal | 23 g KH | 13 g EW | 22 g Fett

Zutaten

9 gr. Scheiben Sandwichtoast
½ frische Ananas
200 g Schinken, gekocht
120 g Gouda
30 g Parmesan
50 g Cheddarkäse

Für die Creme

1 Zwiebel, halbiert
1 Knoblauchzehe
1 EL Öl
200 g Crème fraîche
200 g Schmand
½ TL Currypulver
1 TL Salz
¼ TL Pfeffer, gem.
¼ TL Paprikapulver, rosenscharf

Zubereitung

Backofen auf 200°C Umluft vorheizen. Ein Backblech mit Backpapier belegen und mit Toastscheiben auslegen. Ananas in Scheiben schneiden.

Alle Käsesorten in Stücken in den Mixtopf geben und **12 Sek./Stufe 5** reiben. Umfüllen. Mixtopf mit Wasser spülen.

Zwiebel und Knoblauch im Mixtopf **5 Sek./Stufe 5** zerkleinern und mit dem Spatel nach unten schieben. Öl zugeben und **2 Min./120°C/Stufe 1** dünsten. Restliche Zutaten für die Creme zugeben und **10 Sek./Stufe 3** verrühren.

Toastscheiben in den Ofen geben und 3 Min. vorbacken. Wieder aus dem Ofen nehmen und dick mit der Creme bestreichen. Mit Schinken und Ananas belegen und mit geriebenem Käse bestreuen. Wieder in den Ofen geben und ca. 12 Min. backen, bis sich der Käse bräunlich färbt.

Super-Choc- Muffins

Zutaten

700 g	Zartbitterschokolade, 50% Kakao
250 g	Buttermilch
3	Eier
130 g	Zucker
80 g	Öl, neutral
3 EL	Backkakao
200 g	Weizenmehl, Type 405
2 TL	Backpulver

Zubereitung

Backofen auf 180°C Ober-/ Unterhitze vorheizen. 400 g Zartbitterschokolade in Stücken in den Mixtopf geben und **7 Sek./Stufe 6** zerklei-nern. In eine große Schüssel umfüllen. Restliche Zartbitter-schokolade (300 g) ebenfalls **7 Sek./Stufe 6** zerkleinern und mit in die Schüssel umfüllen.

Buttermilch, Eier, Zucker, Öl und Kakao im Mixtopf **30 Sek./Stufe 5** verrühren. Mehl und Backpulver zugeben und **20 Sek./Stufe 4** unter-rühren. Masse zur Schokolade in die Schüssel füllen und alles gut vermengen.

Teig in 16 Muffinförmchen füllen und im vorgeheizten Backofen 20-25 Min. backen.

Pro Muffin: 368 kcal | 41 g KH | 6 g EW | 19 g Fett

Neujahrsherz
Hefezopf mit Mohn

Zutaten

½ Würfel Hefe
300 g   Milch, 1,5%
50 g   Wasser, lauwarm
80 g   Zucker
1 Prise Salz
etwas   Vanillearoma
100 g   Butter
625 g   Weizenmehl, Type 405

Für die Füllung:
1 Packung Mohnback

Zum Bestreichen:
1 Eigelb und 1 EL Milch

Zubereitung

Alle Zutaten (außer Mehl) in den Mixtopf geben und **3 Min./40°C/Stufe 1** erwärmen. Mehl hinzugeben und **3 Min./Teigstufe** kneten. Umfüllen und abgedeckt 20 Min. gehen lassen.

Aus dem Teig 3 Stränge formen, diese mit Mohnback füllen und flechten. Zu einem Herz legen und noch einmal 20 Min. gehen lassen.

Eigelb und Milch verrühren und Herz damit bestreichen. Mit Hagelzucker bestreuen und bei 180°C Ober-/Unterhitze ca. 25 Min. backen.

Pro Port.: 259 kcal | 40 g KH | 6 g EW | 8 g Fett

Patatas Bravas
mit Mojo Verde

Zutaten

1 kg	kleine Kartoffeln (Drillinge)
3 EL	Olivenöl
1 EL	Salz
1 EL	Knoblauch, granuliert
2 TL	Paprikapulver, geräuchert
3 EL	Reismehl

Mojo Verde

2	Knoblauchzehen
½ Bund Petersilie	
½ Bund Koriander	
1 TL	Salz
100 g	Olivenöl
50 g	Weißweinessig
¼ TL	Kreuzkümmel, gem.

Zubereitung

Kartoffeln waschen, in Würfel schneiden und in eine große Schüssel geben. 2 Liter Wasser aufkochen, über die Kartoffeln gießen und 15 Min. ziehen lassen. Backofen auf 240°C Ober-/Unterhitze vorheizen.

Wasser abgießen, Kartoffeln auf einem Küchenkrepp verteilen und gut abtrocknen. Wieder zurück in die Schüssel geben. Öl, Salz, Knoblauch, Paprikapulver und Reismehl zugeben und gut vermengen. Die Kartoffeln auf einem mit Backpapier belegten Backblech gleichmäßig verteilen.

Für ca. 30 Min. in den vorgeheizten Backofen geben. Nach der Hälfte der Zeit alles kurz durchmischen.

Für die Mojo Verde: Knoblauch, Petersilie und Koriander im Mixtopf **10 Sek./Stufe 5** zerkleinern. Restliche Zutaten zugeben und **20 Sek./Stufe 8** mixen. Zusammen mit den Kartoffeln servieren.

Orientalischer
Tortellinisalat

Pro Portion: 490 kcal | 55 g KH | 21 g EW | 20 g Fett

Zutaten

1 kg	Tortellini mit Käsefüllung
30 g	Pinienkerne
40 g	Butter
80 g	Paprikamark
½ TL	getrocknete Minze, gerebelt
1	Knoblauchzehe
300 g	Naturjoghurt, 10% Fett
1 gr. Handvoll Petersilie	
1 TL	Salz
½ TL	Pfeffer, gem.
2 EL	Weißweinessig

Zubereitung

Tortellini nach Packungsanweisung zubereiten. Mit kaltem Wasser abschrecken und in eine große Schüssel geben.

Pinienkerne in einer Pfanne ohne Fett rösten. Aus der Pfanne nehmen und abkühlen lassen.

Butter im Mixtopf **3 Min./100°C/Stufe 1** schmelzen. Paprikamark und Minze zugeben und **2 Min./100°C/Stufe 1** erhitzen. Umfüllen. Mixtopf spülen.

Knoblauch, Naturjoghurt, Petersilie, Salz, Pfeffer und Essig in den Mixtopf geben und **10 Sek./Stufe 7** mixen. Joghurtcreme auf die Tortellini geben und Paprika-Minz-Sauce darüber geben. Mit Pinienkernen bestreut servieren.

Der Sommerdrink 2019

Aperol Slushy

Zutaten

60 g	Aperol
100 g	Sekt
150 g	Eiswürfel
200 g	Orangensaft, gefroren (am besten in Eiswürfelform)
1	Orange, zur Deko

Zubereitung

Alle Zutaten in den Mixtopf geben und **10 Sek./Stufe 10** mixen.

Slushy auf 2 Gläser aufteilen und mit einer halben Orangenscheibe servieren.

Pro Glas: 141 kcal | 18 g KH | 1 g EW | <1 g Fett

Prickelnde
Lillet Bowle

Zutaten

½	Salatgurke (Bio)
300 g	Johannisbeeren, gefroren
300 g	Blaubeeren, gefroren
1 Flasche Sekt	
800 ml	Wild Berry (von Schweppes)
¼ Flasche Lillet Blanc	
1-2 Handvoll Eiswürfel	
ein paar frische Minzeblätter	

Zubereitung

Gurke heiß abwaschen und in dünne Scheiben schneiden. Zusammen mit den gefrorenen Beeren in eine große Bowle-Schale geben. Nun mit Sekt, Wild Berry und Lillet Blanc auffüllen.

Je nach Temperatur 1-2 Handvoll Eiswürfel dazu geben, einmal verrühren – fertig!

Es können natürlich auch frische Früchte verwendet werden. Die gefrorenen Früchte halten die Bowle aber zusammen mit den Eiswürfeln zusätzlich kühl!

Pro Glas: 161 kcal | 15 g KH | 1 g EW | 1 g Fett

Glitzerlikör

Zutaten

500 g	Zucker
750 g	Waldfrüchte, TK
100 g	Zitronensaft
250 g	Wasser
750 g	Wodka
2 TL	Glitzerpulver*

Zubereitung

Zucker im Mixtopf **5 Sek./Stufe 8** pulverisieren. Gefrorene Waldfrüchte zugeben und **10 Sek./Stufe 10** zerkleinern. Mit dem Spatel nach unten schieben.

Zitronensaft und Wasser zugeben und **16 Min./90°C/Stufe 2** erhitzen. Wodka zugeben und **10 Sek./Stufe 4** unterrühren.

Durch ein feines Sieb in ein Gefäß gießen. Glitzerpulver unterrühren und in Flaschen abfüllen.

Glitzerpulver findet man im Supermarkt beim Backzubehör. Es wird meistens in einem kleinen Glas angeboten.

Pro Port. (45ml): 82 kcal | 11 g KH | <1 g EW | <1 g Fett

Weißer
Schokolikör

Zutaten

100 g	weiße Schokolade
80 g	Zucker
1 TL	Vanillearoma
200 g	Sahne
200 g	Milch, 1,5%
2	Eier
200 g	Amaretto*

Zubereitung

Schokolade in den Mixtopf geben und **8 Sek./Stufe 7** zerkleinern.

Zucker, Vanillearoma, Sahne, Milch und Eier zugeben und **7 Min./70°C/Stufe 3** erhitzen. Amaretto zugeben und **20 Sek./Stufe 8** pürieren.

Statt Amaretto kann man auch Korn verwenden und etwas Bittermandelaroma zugeben.

Haltbarkeit (gut gekühlt und mit frischen Eiern!): ca. 4-6 Wochen

Pro Port. (45ml): 130 kcal | 13 g KH | 2 g EW | 6 g Fett

Wiesn Baileys

Zutaten

150 g	gebrannte Mandeln
250 g	Sahne
250 g	Milch, 1,5%
50 g	brauner Zucker
1 TL	Backkakao
200 g	Weinbrand

Zubereitung

Gebrannte Mandeln im Mixtopf **5 Sek./Stufe 6** zerkleinern.

Sahne, Milch, braunen Zucker sowie Kakao zugeben und **6 Min./90°C/Stufe 1** erhitzen.

Weinbrand zugeben und **10 Sek./Stufe 10** mixen.

Umfüllen und über Nacht im Kühlschrank ziehen lassen. Am nächsten Tag durch ein Sieb in Flaschen abfüllen.

Pro Port. (45ml): 142 kcal | 10 g KH | 2 g EW | 7 g Fett

32

Bester Eierlikör
mit 43er

Zutaten

125 g	Zucker
1	Vanilleschote, Mark davon
250 g	Sahne
175 g	Milch, 1,5%
5	Eier (Gr. M)
4-6 Tr.	Bittermandelaroma
350 g	Likör 43

Zubereitung

Zucker und Vanillemark im Mixtopf **20 Sek./Stufe 10** pulverisieren.

Sahne, Milch, Eier und Bittermandelaroma zugeben und **6-7 Min./70°C/Stufe 4** rühren. Likör 43 zugeben und **10 Sek./Stufe 4** unterrühren. Fertig!

Der Eierlikör verändert seine Konsistenz erst nach der Kühlung. Also nicht wundern, wenn dieser warm noch zu flüssig ist.

Pro Port. (45ml): 131 kcal | 14 g KH | 4 g EW | 5 g Fett

33

Paprika-
Joghurthähnchen

Pro Portion: 306 kcal | 15 g KH | 37 g EW | 10 g Fett

Zutaten

400 g	Hähnchenbrust-Innenfilets
1	rote Paprika

Für die Soße

1	rote Zwiebel, halbiert
1	Knoblauchzehe
1 Handvoll Petersilie	
150 g	Naturjoghurt, bis 0,5% Fett
150 g	Kochsahne, 15% Fett
50 g	Tomatenmark, scharf
1 TL	Ras el hanout
1 TL	Salz
1 TL	Gemüsebrühpulver
¼ TL	Pfeffer, gem.

Zubereitung

Backofen auf 180°C Umluft vorheizen. Hähnchenbrust in eine Auflaufform geben. Paprika klein würfeln und zugeben.

Für die Soße Zwiebel, Knoblauch und Petersilie im Mixtopf **5 Sek./Stufe 6** zerkleinern. Restliche Zutaten für die Soße zugeben und **10 Sek./Stufe 4** mixen. Über das Hähnchen gießen und im vorgeheizten Backofen ca. 25 Min. garen.

Wer möchte, kann noch 3-4 Champignons, in Würfel geschnitten, mitgaren.

Dazu passt Reis, Weißbrot oder ein gemischter Salat.

Caesar-
Pasta-Salad

Pro Portion: 292 kcal | 33 g KH | 11 g EW | 12 g Fett

Zutaten

3	Romana Salatherzen
½ Bd.	Radieschen
150 g	Cocktailtomaten
3 Scheiben Ciabatta	
etwas	Olivenöl
100 g	Farfalle
4 EL	Parmesanspäne

Für das Dressing

1	Knoblauchzehe
100 g	Salatcreme mit Joghurt
15 g	Olivenöl
1 EL	geriebener Parmesan
1 TL	Dijon-Senf
1 EL	Zitronensaft
20 g	Weißweinessig
einige Tropfen Tabasco	
etwas	Salz & Pfeffer

Zubereitung

Salatherzen putzen und klein schneiden. Radieschen in Scheiben schneiden, Cocktailtomaten halbieren.

Ciabatta in Würfel schneiden und mit Olivenöl in einer Pfanne anrösten. Nudeln nach Packungsanweisung (in Salzwasser!) kochen und mit kaltem Wasser abschrecken.

Für das Dressing: Knoblauch **5 Sek./Stufe 6** hacken. Restliche Zutaten hinzufügen und **10 Sek./Stufe 8** mixen. Alles in einer großen Schüssel anrichten.

Für die klassische Variante kann man anstelle von Nudeln auch Hühnchenstreifen anbraten und zum Salat servieren!

Kärleksmums

Schwedischer Schoko-Kokos-Kuchen

Pro Stück: 393 kcal | 38 g KH | 4 g EW | 25 g Fett

Für den Teig

200 g   Zartbitterschokolade
           (50 % Kakao)
250 g   Butter
5   Eier
200 g   Zucker
1 Prise Salz
250 g   Weizenmehl, Type 405
1 P.   Backpulver
40 g   Backkakao
240 g   Wasser

#KÄRLEKSMUMS

Für den Belag

1 Glas   Johannisbeergelee (270 g)
200 g   Zartbitterschokolade
           (50 % Kakao)
200 g   Sahne
100 g   Kokosraspeln

Zubereitung

Backofen auf 200°C Ober-/Unterhitze (180°C Umluft) vorheizen. 200 g Zartbitter-schokolade in Stücken in den Mixtopf geben und **5 Sek./Stufe 6** grob zerkleinern. Umfüllen.

Butter in Stücken in den Mixtopf geben. Eier, Zucker und Salz hinzufügen und **2 Min./37°C/Stufe 5** mixen. Mehl, Backpulver, Kakaopulver und Wasser zugeben und **20 Sek./Stufe 4** vermengen. Den flüssigen Teig auf ein tiefes, mit Backpapier belegtes Backblech gießen. Mit gehackter Schokolade bestreuen. Im vorgeheizten Backofen ca. 20 Min. backen. Mixtopf spülen.

Nach dem Backen den noch warmen Kuchen mit Johannisbeergelee bestreichen und abkühlen lassen. Danach mit einem Holzspieß Löcher in den Teig stechen. Kokosflocken in einer Pfanne ohne Fett leicht anrösten. 200 g Zartbitterschoko-lade in Stücken in den Mixtopf geben und **10 Sek./Stufe 6** zerkleinern. Sahne zugeben und **4 Min./80°C/Stufe 3** schmelzen. Auf den abgekühlten Kuchen streichen und mit Kokosflocken bestreuen. Fertig.

Apfelmus-Kuchen
wie vom Bäcker

Pro Stück: 306 kcal | 47 g KH | 3 g EW | 11 g Fett

Zutaten

500 g	Weizenmehl, Type 405
250 g	Butter, in kleinen Stücken
230 g	Zucker
1 P.	Vanillezucker
1 P.	Backpulver
2	Eier
1 Prise	Salz

1 gr. Glas Apfelmus
       (ca. 700-750 g)

Zuckerguss

200 g Puderzucker mit 4 EL Wasser
und einigen Tropfen Rumaroma
vermengen.

Zubereitung

Alle Zutaten (außer Apfelmus) in den Mixtopf geben und **15 Sek./Stufe 5**
vermengen. Dann noch **1 Min./Teigstufe** kneten. Teig auf die Arbeitsfläche
geben und von Hand nochmal kneten. In 2 Portionen teilen und in
Frischhaltefolie wickeln. Für ca. 30-45 Min. in den Kühlschrank legen.

Die erste Teigportion auf etwas Mehl ausrollen und auf ein kleines Backblech
geben (am besten eignet sich eine rechteckige Backform, z.B. von Zenker).
Teig in die Form geben und Apfelmus darauf verteilen.

Nun die zweite Teigportion ebenso ausrollen und als „Deckel" auf die Apfelmus-
schicht geben. Am Rand etwas festdrücken und mit einer Gabel Löcher
einstechen. Im vorgeheizten Backofen bei 180°C Ober-/Unterhitze ca. 25 Min.
backen. Abkühlen lassen. Mit Zuckerguss überziehen und am besten
über Nacht im Kühlschrank durchziehen lassen.

Mango-
Avocado-Salat
mit Büffelmozzarella

4 Port.

Pro Portion: 620 kcal | 34 g KH | 13 g EW | 42 g Fett

Zutaten

2	Avocado
1	reife Mango
250 g	Büffelmozzarella
16	Cocktailtomaten
50 g	Pinienkerne
1 Bd.	Rucola
etwas	Balsamicocreme zum Anrichten

Für das Dressing

½	rote Peperoni, entkernt
2 EL	gutes Olivenöl
2 EL	Balsamicoessig, dunkel
1 TL	Zitronensaft
1 TL	Honig
60 g	Orangensaft
¼ TL	Salz
etwas	Pfeffer, frisch gem.

Zubereitung

Avocado-Fruchtfleisch in kleine Würfel schneiden, mit etwas Zitronensaft beträufeln und einer Prise Salz würzen. Mango und Mozzarella ebenfalls klein würfeln und Cocktailtomaten halbieren. Pinienkerne in einer Pfanne ohne Fett leicht anrösten. Für das Dressing Peperoni in den Mixtopf geben und **5 Sek./Stufe 7** zerkleinern. Restliche Zutaten zugeben und **1 Min./60°C/Stufe 2** erhitzen.

Zum Anrichten des Türmchens am besten einen Dessertring (Ø 8 cm) verwenden. Diesen auf einem Teller mittig platzieren und 2 EL der Avocadowürfel einfüllen. Mit der Rückseite eines Esslöffels festdrücken. Dann 2 EL Mangowürfel darauf schichten. Über die Mangoschicht 1 EL des Dressings geben. Büffelmozzarella darauf schichten, fest andrücken und mit etwas frisch gemahlenem Pfeffer würzen (1 Umdrehung mit der Pfeffermühle). Zum Schluss noch einmal 1 EL Dressing darauf geben und Dessertring vorsichtig abnehmen.

Rucola und Cocktailtomaten um das Türmchen geben und mit weiterem Dressing marinieren. Vor dem Servieren mit Pinienkernen bestreuen und mit Balsamicocreme verzieren.

Apfeltaschen
Wir lieben sie

Noch heiß genießen oder abkühlen lassen und mit Puderzucker bestreuen!

Zutaten

2	Blätterteigrollen
3	Äpfel
20 g	brauner Zucker
1 TL	Zitronensaft
1 Msp.	Muskat, gem.
½ TL	Zimt
40 g	Milch, 1,5%
60 g	Wasser
1 geh. EL	Vanillepuddingpulver
300-500 ml	Frittieröl

Zubereitung

Äpfel schälen, vierteln, entkernen. Apfelviertel (220-250 g) mit Zucker, Zitronensaft und Gewürzen **4 Sek./Stufe 4** zerkleinern. In einer Tasse Milch, Wasser und Puddingpulver anrühren, zu den Äpfeln geben und **3:30 Min./ 90° C/ /Stufe 1** andicken. Umfüllen und abkühlen lassen.

Blätterteig (von der kurzen Seite her) in 5 breite Streifen schneiden. Auf eine Hälfte des Streifen die Apfelfüllung geben, zusammenklappen und die Ränder mit einer Gabel festdrücken. In heißem Öl in einem Topf von jeder Seite ca. 3-4 Min. frittieren. Alternativ kann man die Apfeltaschen auch bei 200°C Ober-/Unterhitze 12-15 Min. im Backofen backen.

Blitz- Eiskaffee

Zutaten

1 Liter Milch, 1,5%
3 EL   lösliches
         Kaffeepulver

Zubereitung

Milch für 1 Stunde ins
Gefrierfach stellen.

Zusammen mit Kaffeepulver
in den Mixtopf geben und
10 Sek./Stufe 10 cremig
mixen. Fertig!

*Am besten mit ein paar
Eiswürfeln genießen.*

Pro Glas: 126 kcal | 13 g KH | 9 g EW | 4 g Fett

Giraffencreme

Zutaten

9	Double Chocolate Cookies
1 gr. Dose	Pfirsich, in Hälften
250 g	Sahne
500 g	Halbfettquark
250 g	Mascarpone
2 P.	Vanillezucker
40 g	Zucker
2 EL	Saft der Pfirsiche

Zubereitung

Cookies im Mixtopf **5 Sek./Stufe 6** zerkleinern. Umfüllen.

Pfirsiche absieben und dabei den Saft auffangen. Saft beiseitestellen. Pfirsiche (außer zwei Hälften zur Deko) in den Mixtopf geben und **5 Sek./Stufe 7** mixen. Umfüllen und Mixtopf spülen.

Kalte Sahne **ohne Rühraufsatz** im Mixtopf **10 Sek./Stufe 10** schlagen. Quark, Mascarpone, Vanillezucker, Zucker und Pfirsichsaft zugeben und **10 Sek./Stufe 5** cremig rühren.

Dessert in 10 kleine Gläser schichten. Zuerst Cookiebrösel, Quarkcreme, dann Pfirsichpüree. Das Ganze noch einmal wiederholen. Die übrigen zwei Pfirsichhälften in zehn Scheiben schneiden und je eine Scheibe als Deko auf die Creme legen.

Kann auch schon am Vortag vorbereitet werden!

Bao-Burger
aus dem Varoma

Für den Teig

150 g   Milch, 1,5%
10 g   Butter
2 TL   Zucker
1 TL   Salz
¼ TL   frische Hefe
300 g   Weizenmehl, Type 405
1 TL   Öl
1 EL   Wasser

Außerdem:

etwas   schwarzer Sesam
500 g   Wasser, lauwarm

Zubereitung

Milch, Butter, Zucker, Salz und Hefe im Mixtopf **2 Min/37°C/Stufe 2** er-wärmen. Restliche Teigzutaten zugeben und **3 Min./Teigstufe** kneten. Teig in eine Schüssel umfüllen und abgedeckt ca. 30 Min. gehen lassen. Mixtopf spülen.

Nach der Gehzeit Teig in 6 gleichgroße Stücke teilen (à 80 g). Teiglinge zu Kugeln formen, anfeuchten und in schwarzem Sesam wälzen. Kugeln in den Varoma setzen und weitere 30 Min. gehen lassen.

500 g lauwarmes Wasser in den Mixtopf füllen. Mixtopfdeckel auflegen, Varoma aufsetzen und Burger-Buns nun **20 Min./Varoma/Stufe 1** garen. Kurz abkühlen lassen, halbieren und nach Wunsch belegen.

Knusprige
Chickensticks

Zutaten

2	Putenschnitzel (à 125 g
1	Ei
4 EL	Panko-Paniermehl
2 EL	Parmesan, gerieben
1 EL	Speisestärke
1 TL	Salz
1 TL	Paprikapulver
3 EL	Mandelblättchen
2 TL	Zwiebeln, granuliert
3 EL	Öl zum Anbraten

Zubereitung

Putenschnitzel in dünne Streifen schneiden. Ei in eine Schale schlagen und verquirlen. Restliche Zutaten (außer Öl) in einer zweiten Schale gut vermischen.

Öl in einer Pfanne erhitzen. Putenstreifen erst durch das Ei ziehen und dann in der Panade wälzen. Sticks einige Minuten von jeder Seite anbraten bis sie schön knusprig und kross sind.

Passen perfekt zu einem Salat oder ganz klassisch als Fingerfood mit Pommes und leckerem Dip!

Pro Portion: 289 kcal | 13 g KH | 22 g EW | 16 g Fett

Tomatensalsa
für Hotdogs & Co.

Zutaten

1	rote Zwiebel, halbiert
½ Bd.	Koriander
400 g	Cocktailtomaten
1 EL	Olivenöl
50 g	Tomatenmark
1	Limette, Saft davon
1 TL	Salz
1 TL	Zucker
1 Msp.	Cayennepfeffer

Zubereitung

Zwiebel und Koriander in den Mixtopf geben und **5 Sek./Stufe 6** zerkleinern.

Cocktailtomaten zugeben und **4 Sek./Stufe 6** zerkleinern.

Restliche Zutaten zugeben und **10 Sek./Stufe 6** mixen.

Hotdog-Rezeptidee: *Hotdog-Brötchen mit Wiener, Avocado, Jalapeños, Zwiebel, Ananas und Tomatensalsa füllen. Geriebenen Cheddar und Tortilla-Chips darüber streuen und mit etwas Salatmayonnaise beträufeln.*

Pro Portion: 49 kcal | 5 g KH | 1 g EW | 2 g Fett

Schoko-Bananen-

Taschen

Pro Stück: 387 kcal | 33 g KH | 6 g EW | 25 g Fett

Zutaten

1 Rolle	Blätterteig
1	Ei
1 EL	Wasser

Für die Füllung

50 g	Marzipan-Rohmasse
100 g	Milch, 1,5%
30 g	Zucker
1 Msp.	Vanillemark
140 g	Kokosraspeln
10 g	Hartweizengrieß
2	Eier
3	kleine Bananen
½	Zitrone, Saft davon
120 g	Zartbitterkuvertüre

Außerdem

80 g	Aprikosenkonfitüre
100 g	Kokosraspeln
	zum Bestreuen

Zubereitung

Marzipan in Stücken mit Milch, Zucker und Vanillemark im Mixtopf **4 Min./90°C/Stufe 4** auf-kochen. Kokosraspeln und Grieß zugeben und **15 Sek./Stufe 3** untermischen. Mixtopfdeckel abnehmen und auskühlen lassen.

In der Zwischenzeit Blätterteig in 12 gleich große (ca. 10x10cm) Quadrate schneiden. 1 Ei mit 1 EL Wasser verquirlen und die Ränder der Quadrate damit bestreichen. Backofen auf 220°C Ober-/Unterhitze vorheizen.

Bananen erst quer, dann längs halbieren und mit Zitronensaft beträufeln. Kuvertüre in 12 gleich große Stücke aufteilen. Zweites Ei in den Mixtopf schlagen und **15 Sek./Stufe 3** unter die abgekühlte Masse rühren, sodass eine weiche Konsistenz entsteht. Ggf. noch etwas Milch zugeben und nochmal **5 Sek./Stufe 3** vermischen.

Marzipan-Kokos-Masse mit einem Löffel mittig auf den Teigquadraten verteilen, jeweils ein Stück Kuvertüre sowie Banane darauf setzen. Teigseiten zur Mitte hin einschlagen und die Bananenpäckchen gut verschließen. Mit der Naht nach unten auf ein mit Backpapier belegtes Backblech setzen. Päckchen mit restlichem verquirltem Ei bestreichen und 15-20 Min. gold-gelb backen. Währenddessen Kokosraspeln in einer Pfanne ohne Fett goldgelb rösten. Die noch warmen Taschen mit der Konfitüre bestreichen und mit den Kokosraspeln bestreuen.

Fruchtiger
Ofen-Feta

Zutaten

180 g	Schafskäse/Feta
10-15	rote Weintrauben
1 TL	Honig
1 TL	Olivenöl
1 EL	Rosmarinnadeln, gehack
etwas	Pfeffer, gem.
etwas	Paprikapulver, rosenscharf
etwas	Chiliflocken
1 Spritzer	Zitronensaft
1 kl.	rote Zwiebel

Zubereitung

Backofen auf 200°C Umluft vorheizen. Feta in eine Auflaufform setzen. Mit Honig und Olivenöl beträufeln. Rosmarinnadeln sowie Gewürze und Zitronensaft auf den Feta geben und mit Weintrauben belegen.

Im vorgeheizten Backofen ca. 10-12 Min. backen. Zwiebel in feine Ringe schneiden. Feta mit Zwiebelringen bestreut servieren.

Eine leckere Grillbeilage, aber auch ein leckeres Veggie-Gericht im Sommer zu Salat und frischem Ciabatta!

Pro Portion: 331 kcal | 15 g KH | 15 g EW | 23 g Fett

Bunter Thai-Sommersalat

Zutaten

1	Netzmelone (z.B. Cantaloupe)
1	Salatgurke
1	Avocado
200 g	Cocktailtomaten
2 Kugeln	Mozzarella

Für das Dressing:

½	rote Chili, entkernt
15 g	frischer Koriander
1	Knoblauchzehe
1	rote Zwiebel, halbiert
20 g	Öl
1	Limette, Saft davon
2 EL	Fischsauce
1 TL	Sojasauce
1 gestr. TL	Salz
1 TL	brauner Zucker
2 Msp.	weißer Pfeffer, gem.

Zubereitung

Chili, Koriander, Knoblauch und Zwiebel im Mixtopf **3 Sek./Stufe 5,5** zerkleinern. Restliche Dressing-Zutaten zugeben und **5 Sek./Stufe 3** vermengen.

Melone, Gurke und Avocado in mundgerechte Stücke schneiden. Tomaten halbieren und Mozzarella klein würfeln. Alles in eine große Schüssel geben und mit dem Dressing vermengen.

Leichtes
Lachs-Sushi

Pro Portion: 388 kcal | 11 g KH | 30 g EW | 28 g Fett

Zutaten

200 g	geräucherter Lachs
½	Salatgurke
½	Avocado
2 Zweige Dill, entstielt	
1 TL	schwarzer Sesam
2 TL	weißer Sesam

Für die Creme

1	Knoblauchzehe
50 g	Salatgurke
1 Zweig Dill, entstielt	
100 g	Skyr
1 EL	Mayonnaise/Salatcreme, bis 10% Fett
1 Spritzer Zitronensaft	
etwas	Salz

etwas Sojasauce zum Servieren

Zubereitung

Ein großes Stück Frischhaltefolie (ca. 40 cm lang) auf der Arbeitsfläche auslegen. Lachs-Scheiben aneinander legen sodass ein Rechteck entsteht. Gurke und Avocado in längliche Streifen schneiden. Avocado mit etwas Zitronensaft beträufeln.

Für die Creme Knoblauch im Mixtopf **5 Sek./Stufe 6** zerkleinern. Salatgurke in Stücken zugeben und **6 Sek./Stufe 4** zerkleinern. Restliche Zutaten zugeben und **7 Sek./Stufe 4** vermengen.

Creme auf den Lachs streichen. Gurke und Avocado mittig darauf platzieren. Mit Dill bestreuen und mithilfe der Folie fest aufrollen. Folie entfernen und Rolle in Sesam wälzen. Wieder in Folie fest einwickeln und im Kühlschrank 2 Std. durchziehen lassen. Danach mit einem scharfen Messer Scheiben abschneiden und Sushi mit Sojasauce servieren.

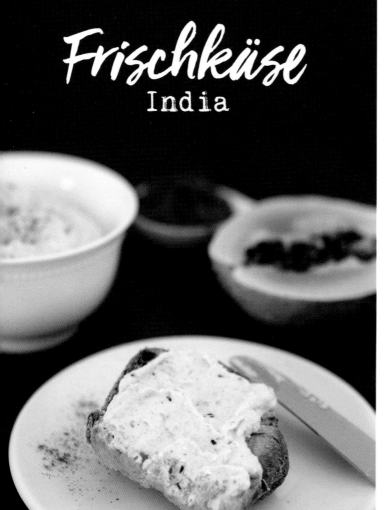

Frischkäse
India

Zutaten

1	kl. Knoblauchzehe
125 g	Papayafruchtfleisch
10 g	Honig
½ TL	Currypulver (Thaicurry)
½ TL	Kurkuma
½ TL	Salz
½ TL	brauner Zucker
1 Msp.	Pfeffer, gem.
1 Msp.	Chilipulver
1 Prise	Kreuzkümmel, gem.
200 g	Doppelrahm-Frischkäse
1 TL	Schwarzkümmel

Zubereitung

Knoblauch in den Mixtopf geben und **5 Sek./Stufe 6** zerkleinern. Papaya zugeben und **5 Sek./Stufe 5** mixen.

Honig und Gewürze zugeben und alles mit dem Spatel nach unten schieben, **30 Sek./Stufe 3** verrühren.

Frischkäse und Schwarzkümmel zugeben und **30 Sek./Stufe 2.5** vermengen.

Pro Portion: 63 kcal | 3 g KH | 1 g EW | 5 g Fett

Radieschen
Frischkäse

Zutaten

125 g	Radieschen
1	Frühlingszwiebel
200 g	Frischkäse
½ TL	Salz
2 Msp.	Pfeffer, gem.
½ TL	Zwiebeln, granuliert

1 Spritzer Zitronensaft
ein paar Schnittlauchröllchen

Zubereitung

Radieschen im Mixtopf
12 Sek./Stufe 4 zerkleinern.
Frühlingszwiebel in Ringe
schneiden und zugeben.

Restliche Zutaten zugeben,
alles mit dem Spatel nach
unten schieben und
5 Sek./ ⟲ /Stufe 2,5
verrühren.

*Mit etwas Kresse bestreut
servieren. Wir haben rote
Rettichkresse verwendet!*

Pro Portion: 87 kcal | 3 g KH | 4 g EW | 7 g Fett

Nudelsalat
Sommerbrise

Zutaten

300 g   Nudeln nach Wahl
1   Salatgurke
½ Bd.   Frühlingszwiebeln
½   Fenchelknolle
1 kl. Dose Mais (140 g)
180 g   Feta

Für das Dressing

½ Bd.   Dill
150 g   Naturjoghurt
80 g   Mayonnaise
50 g   Sahne
30 g   Apfelessig
1 EL   Limettensaft
1 TL   Zucker
1 TL   Salz
¼ TL   Pfeffer, gem.

Perfekt geeignet auch zum Mitnehmen!

Zubereitung

Nudeln nach Packungsanweisung in reichlich Salzwasser kochen, kalt abbrausen und in eine große Schüssel geben. Gurke schälen und in Stücke schneiden. Frühlingszwiebeln in Ringe schneiden und Fenchel in feine Scheiben hobeln. Mais abtropfen lassen. Alles zu den Nudeln in die Schüssel geben. Feta darüber bröseln und vermengen.

Für das Dressing Dill im Mixtopf **8 Sek./Stufe 5** zerkleinern. Restliche Dressing-Zutaten zugeben und **15 Sek./Stufe 4** mixen. Über den Salat geben und gut vermengen. Fertig!

Melonenkuchen
mit Joghurtcreme

Für den Teig

2 EL	Öl
1 EL	Weißweinessig
3	Eier
100 g	Zucker
1 P.	Vanillezucker
1 Msp.	grüne Lebensmittelfarbe
150 g	Weizenmehl, Type 405
1 P.	Backpulver

Für die Creme

300 g	griechischer Joghurt
100 g	Doppelrahm-Frischkäse
1 P.	Vanillezucker
1 EL	Zitronensaft

Für den Guss

250 g	Wassermelone
1 P.	roter Tortenguss
1 EL	Zucker

ein paar Schokoraspeln

Zubereitung

Alle Zutaten für den Teig (außer Mehl und Backpulver) im Mixtopf **20 Sek./Stufe 4** vermengen. Mehl und Backpulver zugeben und **15 Sek./Stufe 4** verrühren.

Eine Obstkuchenform mit Butter fetten und mit Mehl ausstreuen. Teig einfüllen und im vorgeheizten Backofen bei 200°C Ober-/Unterhitze ca. 15 Min. backen. Ca. 5 Min. abkühlen lassen und aus der Form stürzen. Mixtopf spülen.

Für die Creme **Rühraufsatz einsetzen** und alle Zutaten im Mixtopf **20 Sek./Stufe 3** vermengen. Auf dem abgekühlten Kuchenboden verteilen und glatt streichen. In den Kühlschrank stellen. **Rühreinsatz entfernen** und Mixtopf spülen.

Für den Guss Melone im Mixtopf **5 Sek./Stufe 5** zerkleinern und umfüllen. Durch ein Sieb streichen und den Saft auffangen. Diesen wieder in den Mixtopf einwiegen und mit Wasser auffüllen, sodass 240 g Flüssigkeit im Topf sind. Tortenguss und Zucker zugeben und **4-5 Min./80°C/Stufe 3** erhitzen. Guss esslöffelweise auf dem Kuchen vorsichtig verteilen. Mit Schokoraspeln dekoriert servieren.

Erdbeer-
Melonen-Slushy

Zutaten

100 g	Erdbeeren, gefroren
200 g	Wassermelone
200 g	Eiswürfel
1 EL	Zitronensaft
1 P.	Vanillezucker

Zubereitung

Alle Zutaten in den Mixtopf geben und **15 Sek./Stufe 10** mixen. In 2 Gläser füllen und genießen.

Pro Portion: 48 kcal | 12 g KH | 1 g EW | <1 g Fett